BEI GRIN MACHT SICH IHR WISSEN BEZAHLT

- Wir veröffentlichen Ihre Hausarbeit,
  Bachelor- und Masterarbeit

- Ihr eigenes eBook und Buch -
  weltweit in allen wichtigen Shops

- Verdienen Sie an jedem Verkauf

Jetzt bei www.GRIN.com hochladen und kostenlos publizieren

K. Fabian

Child Rights Programming

GRIN Verlag

Bibliografische Information der Deutschen Nationalbibliothek:

Die Deutsche Bibliothek verzeichnet diese Publikation in der Deutschen National-
bibliografie; detaillierte bibliografische Daten sind im Internet über http://dnb.d-
nb.de/ abrufbar.

Impressum:

Copyright © 2010 GRIN Verlag GmbH
Druck und Bindung: Books on Demand GmbH, Norderstedt Germany
ISBN: 978-3-640-88936-5

Dieses Buch bei GRIN:

http://www.grin.com/de/e-book/169870/child-rights-programming

GRIN - Your knowledge has value

Der GRIN Verlag publiziert seit 1998 wissenschaftliche Arbeiten von Studenten, Hochschullehrern und anderen Akademikern als eBook und gedrucktes Buch. Die Verlagswebsite www.grin.com ist die ideale Plattform zur Veröffentlichung von Hausarbeiten, Abschlussarbeiten, wissenschaftlichen Aufsätzen, Dissertationen und Fachbüchern.

Besuchen Sie uns im Internet:

http://www.grin.com/

http://www.facebook.com/grincom

http://www.twitter.com/grin_com

Ruhr-Universität Bochum

Vergleichende Erziehungswissenschaft

Institut für Erziehungswissenschaft

Sommersemester 2010

Hauptseminar:

Kindheitsforschung und internationale Kindheitsrechtsdiskurse

Seminararbeit zu:

Child Rights Programming

How to Apply Rights-Based Approaches to Programmimg
A Handbook for International save the Children Alliance Members
Second Edition
Save the Children

Autor: K. Fabian	

Inhaltsverzeichnis

Einleitung

Save the Children ist die größte und unabhängige Kinderrechtsorganisation der Welt. Die Organisation kämpft für die Rechte der Kinder und verbessert das Leben von Kindern.

Save the Children Deutschland gehört mit 27 anderen nationalen Organisationen zur international „Save the Children Alliance". Sie arbeiten in über 120 Ländern, um für die Rechte der Kinder zu kämpfen und sie vor Krankheit, Hunger und Ausbeutung zu schützen. (Save the Children Deutschland: http://www.savethechildren.de/was-wir-tun)

Als Grundlage meiner folgenden Ausarbeitung dient die zweite Edition des „Save the Children" Handbuchs aus dem Jahr 2005, (International Save the Children Alliance. Stand 26.10.2005), sowie die Power Point Präsentation aus dem Seminar zum Thema: Child *Rights Programming*.

Jedoch beziehe ich mich nicht auf das gesamte Handbuch, sondern auf einzelne Abschnitte. Alles andere würde zu viel Raum in meiner Ausarbeitung einnehmen. Zunächst werde ich erklären, was *Child Rights Programming/CRP* bzw. *Rights-based Approaches/RBA* ist. Warum RBA´s wichtig sind und worin sie sich im Gegensatz zu anderen Programmen unterscheiden. Als Nächstes beziehe ich mich auf das Child Rights Programming und nenne einige Schlüsselbegriffe des CRP. Dann werde ich die vier Prinzipien des „KRK" -Kinderrechtskonvention, näher beschreiben, um anschließend Rechtsbeziehungen aufzuzeigen. Im Folgenden werde ich CRP & den Programme Cycle erläutern, um dann CRP im Organisationsprozess zu beschreiben. Zum Abschluss werde ich die *Stakeholder Analyse* erläutern, welche Bestandteil einer Gruppenarbeit während der Präsentation war. Die Studenten sollten Gelegenheit bekommen, sich darin zu üben Projekte zu planen, im Hinblick auf eine erweiterte Situationsanalyse bzw. der Stakeholder Analyse, um herauszufinden, dass es verschiedene Interessengruppen und Interessenvertreter gibt, die in Planungsprozesse intergiert werden müssen.

Was ist Child Rights Programming/CRP bzw. Rights-based Approaches/ RBA?

Dies wird auf den Seiten 21-22 im Handbuch beschrieben

CRP steht als Abkürzung für *Child Rights Programming* und bedeutet *kinderrechtsbasierte Projektplanung*. Dabei handelt es sich um eine kindzentrierte Konzeptidee von rechtsbasierten Projektansätzen (Rights-based Approaches). Diese basieren auf internationalen Menschenrechtsstandards. RBA´s unterstützen die Menschen, die wenig bis keinen Einfluss auf mögliche Veränderungen und Projektdurchführungen haben. Rechtsinhaber bei der Forderung nach mehr Gerechtigkeit und Mitsprache. Eine wichtige Methode ist dabei die Identifizierung von einflussreichen Personen/Institutionen, die Identifizierung und Verdeutlichung der Verantwortlichkeit aller beteiligten Gruppen. Dabei stehen die Menschen im Vordergrund und das Ziel ist die Teilnahme und den Einfluss zu stärken (S.21). Menschenrechte sind ein zentrales Ziel in der Entwicklungshilfe.

Das haben auch Regierungen erkannt und die Umsetzung internationaler Menschenrechtsstandards in der UN Millennium Declaration zu einer globalen Herausforderung für alle Staaten ernannt. RBA´s haben somit die Möglichkeit den Einfluss solcher Gruppen zu erhöhen. Ein wichtiges Instrument für UN-Organisationen, Geldgeber und NGO´s, um Entwicklungsarbeit praktisch umzusetzen (S. 21).

Warum RBA's sinnvoll sind

Auf der Seite 22 werden Gründe erläutert, welche dafür sprechen rechtsbasierte Konzeptideen den herkömmlichen Entwicklungshilfeprogrammen vorzuziehen. Die wichtigsten Argumente werden im Folgenden erläutert.

Internationale Rechtmäßigkeit: stellt die Grundlage sämtlicher RBA's dar und bietet ein gemeinsames rechtliches Gerüst bestehend aus Regierungen, Geldgebern und der Zivilgesellschaft. Dadurch wird den Ansätzen mehr Autorität und Rechtskraft verliehen.

Klares gemeinsames Ziel: Menschenrechte schützen. Dafür werden sogenannte Pflichtenträger (Duty Bearers) lokalisiert und ihre Verantwortlichkeit herausgearbeitet, um Strategien zu entwickeln, wie diese langfristig in Projekte einbezogen werden können.

Verantwortung der Pflichtenträger, Aufdecken von Machtverhältnissen: Die Einflussmöglichkeiten von Schwachen und Diskriminierten wird gestärkt, indem diese aktiv an Projekten teilnehmen und somit Machtverhältnisse aufgedeckt werden, welche Armut und Ausbeutung hervorbringen. Das Ziel ist es, für mehr Gerechtigkeit zu sorgen. Ansätze, die den oben genannten Prinzipien folgen, versprechen große Wirksamkeit und werden als „good development practise" bezeichnet. Damit wird ein Wandel markiert und zwar von bedürfnisorientierten Wohlfahrtsprogrammen (need based approaches) zu nachhaltiger und sinnvoller Entwicklungsarbeit (S.22-23).

Auf der Seite 23 werden die Unterschiede der Right-based Approaches zu anderen Programmen tabellarisch aufgeführt. Ich fasse im Folgenden jedoch nur die Besonderheiten der Right-based approaches zusammen.

Das geplante Handeln ist verpflichtend und die Forderungen sind rechtlich etabliert. Die Betroffenen nehmen aktiv teil, denn die Machtstrukturen müssen effektiv verändert werden. Die Benachteiligten werden über ihre Rechte aufgeklärt (öffentliche Einbindung) und dabei sind die Rechte der Beteiligten ineinandergreifend bzw. voneinander abhängig (S. 23).

Child Rights Programming

Child Rights Programming ist eine kindzentrierte Version der Right-based approaches, d. h ein speziell auf Kinder zugeschnittener Projektansatz, um die Rechte von Jungen und Mädchen zu realisieren. Im Folgenden wird die Bedeutung dieses Projektansatzes anhand der einzelnen Wörter von „ Child Rights Programming" verdeutlicht.

Child steht dabei für jeden Jungen und jedes Mädchen unter 18 Jahren.

Rights stellen die internationalen Menschenrechte dar, welche in der KRK verankert sind.

Programming bedeutet Aktivitäten wie Situationsanalyse, Planung und Durchführung sowie das Monitoring von Projekten. Das Ziel ist Kinderrechte zu vertreten und nachhaltig umzusetzen (S.24). Die Verfasser dieses Handbuches beschreiben CRP sehr detailliert. Dabei sind verschiedene Schlüsselbegriffe von Bedeutung. Im Weiteren stelle ich diese verkürzt dar. Der Fokus (Planung und Umsetzung) ist auf die Kinder gerichtet. Dabei ist das „Kinderbild" (Menschenbild) ein holistisches d.h. ganzheitliches. Die Rechtsträger werden unterstützt und es steht eine Informations- und Wissensvermittlung im Vordergrund. Dabei sind wichtige Prinzipien zu beachten. Die Partizipation, die Nicht- Diskriminierung, das beste Interesse des Kindes (gemeinhin als Wohl des Kindes übersetzt-darauf gehe ich jedoch im Verlauf der Ausarbeitung noch genauer ein) und Überleben und Entwicklung. Kinder werden hierbei als Teil der Gesellschaft betrachtet und es werden Partnerschaften und Bündnisse gegründet (S. 24-25).

Zusammenfassend kann festgehalten werden, dass die 4 Prinzipien der KRK stets als Grundlage der Programme gelten und die Sichtweise der Kinder einbezieht. Zudem wird versucht betroffene Gruppen nicht auszuschließen, auch wenn diese nur schwer zu erreichen sind.

Auf Seite 28 werden die vier Prinzipien der UN KRK anhand der dargestellt Graphik verdeutlicht.

Hierbei werden die jeweiligen Beziehungen untereinander dargestellt. In der Mitte des Dreiecks steht das elementarste aller Grundrechte, das **Recht des Kindes auf Überleben und persönliche Entwicklung**. An den Dreiecksspitzen stehen weitere Prinzipien der Kinderrechtskonvention Zum einen das **Prinzip der Nichtdiskriminierung, das Prinzip der Beteiligung und das Prinzip des besten Interesses des Kindes**. Die vier Prinzipien der KRK greifen ineinander und sind voneinander abhängig, denn jedes Prinzip stärkt und unterstützt die Anderen. Dies soll verdeutlichen, dass Kinder auch Teilhaber an den allgemeinen Menschenrechten sind und bei der Planung und Umsetzung von

Projekt- Ansätzen berücksichtigt werden müssen (S.28).

Auf den Seiten 29-33 werden die Prinzipien der UN KRK detaillierter vorgestellt, da ihnen eine zentrale Bedeutung bei der Projektplanung zukommt.

1. Nichtdiskriminierung (Non- Discrimination): Das Recht auf „Nichtdiskriminierung" ist ein allgemeines Prinzip der Menschenrechte. Hiermit gemeint ist das Recht auf Gleichbehandlung aller Kinder und Jugendlichen ohne jede Form von Diskriminierung (Artikel 2). Dieses Prinzip beläuft sich auf drei Bereiche. Erstens: einzelne Kinder, zweitens: spezifische Gruppen von Kindern und drittens: die Bevölkerungsgruppe der Kinder als Ganzes. Dabei ist der Fokus auf die am meisten benachteiligten Kindern gelegt (S.29).

2. Bestes Interesse des Kindes (best Interest of the Child): Dies ist das Generalprinzip der Orientierung am Kindeswohl ("best interests of the child", Artikel 3/1). Es besagt, dass bei allen Maßnahmen, die Kinder und Jugendliche betreffen, das Interesse des Kindes im Vordergrund steht. Dabei wirkt jede Entscheidung über das Interesse des Kindes unmittelbar oder mittelbar auf das Leben des Kindes ein. Aufgrund dessen sollen Entscheidung über „das Beste" für das Kind durch eine informationsgestützte Situationsanalyse getroffen werden. Diese muss sich an den Rechten des Kindes orientieren und die Ansichten des Kindes müssen mit einbezogen werden. Interessen anderer dürfen dabei niemals über die des Kindes gestellt werden (S.30). *(In Deutschland wird „bestes Interesse" oft übersetzt mit dem Begriff „Kindeswohl", wobei dieser Begriff nicht genau das aus sagt, was damit gemeint ist. Denn wer entscheidet, was dem Wohl des Kindes am ehesten entspricht? In dieser Definition jedenfalls nicht das Kind selbst. Doch genau dies meint „bestes Interesse des Kindes", das Kind soll selbst entscheiden dürfen.)*

3. Beteiligung (Partizipation): Jedes Kind hat das Recht auf Mitentscheidung in Angelegenheiten, die es betreffen. Dies soll die Kinder in ihrer Position als Rechtsinhaber bestärken. Zudem ermöglicht es die Rechte auf Überleben, Entwicklung, Schutz und Partizipation selbst einzufordern und zu realisieren (S.31). Dadurch sollen Machtbeziehungen zwischen Kindern und Erwachsenen umgewandelt werden. Die Kompetenzen der Kinder in ihren Familien, in der Gesellschaft und in Institutionen werden somit beeinflusst. Dies verlangt beiderseitigen Respekt und Anerkennung (S.32).

4. Entwicklung (Survival & Development): Dies ist ein fundamentales Grundrecht. Es besagt, dass jedes Kind ein angeborenes Recht auf *Leben, Überleben und auf bestmögliche Entwicklungschancen* hat (Artikel 6). Dabei ist es Aufgabe des Staates für bestmögliche Bedingungen zu sorgen, damit die Kinder zu einer friedlichen und toleranten Gesellschaft beitragen können. Um ihr Potential ausschöpfen zu können, müssen Kinder in einer angemessenen, geschützten und fürsorglichen Welt aufwachsen (S.33).

5. Rechtsbeziehungen:

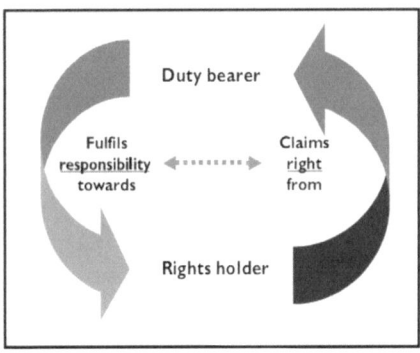

In der dargestellten Graphik wird deutlich, dass Verpflichtungsträger und Rechtsinhaber sich gegenseitig beeinflussen und somit ein Kreislauf entsteht. Der Rechtsinhaber (Rights holder), hier das Kind, fordert Rechte vom Verpflichtungsträger (Duty bearer) und dieser erfüllt seine Verantwortung gegenüber dem Rechtsinhaber. Das bedeutet, dass auf die Rechte von Kindern basierende Projektansätze zum einen die Einforderung der Rechte der Rechtsinhaber angemessen unterstützen und andererseits auch Pflichtträger angemessen in die Verantwortung nehmen. Zunächst ist der Staat für die Einhaltung der Kinderrechte verantwortlich. Darüber hinaus aber auch Eltern, Familienmitglieder und Entwicklungsorganisationen, welche in der Position der Pflichtträger für die Verwirklichung der Kinderrechte verantwortlich sind (S. 34-35).

Die unterschiedlichen Pflichtenträger werden in der unten aufgezeigten Graphik dargestellt. Dazu zählen die Familie, die Gesellschaft, die Politik und das Rechtssystem sowie die internationale Gemeinschaft. Dabei bedingen sich, wie schon zuvor erwähnt, die Rechtsansprüche und die Erfüllung dieser gegenseitig. Wobei im Seminar zum Ausdruck kam, dass die Rechtsansprüche der Kinder oftmals nicht über den familiären Sektor hinausgehen können.

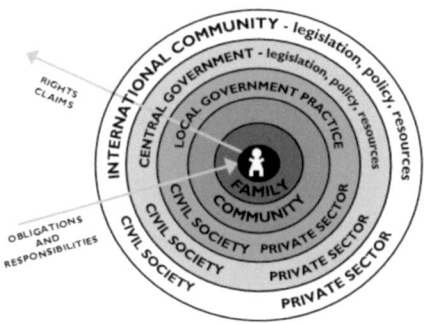

CRP & Programme Cycle:

Der *CRP-Ansatz* bietet einen Rahmen für ein *Programme Cycle*. Damit soll das Leben von Kindern nachweislich verbessert werden. Die CRP-Perspektive basiert auf jahrelanger Erfahrung bei der Arbeit mit und für Kinder. Entscheidend für den Erfolg ist, dass jede Phase des Programmes Cycle von den CRP-Prinzipien durchzogen ist und die Phasen sich alle gegenseitig bedingen (S. 36).

CRP Prinzipien:

Die CRP Prinzipien basieren auf dem normativen Rahmen der UN-KRK und verlassen sich auf die *Duty Bearers* (Verantwortlichen). Um das Ziel, die Interessenvertretung von Kindern zu erreichen, arbeiten die Programminitiatoren mit allen Gesellschaftsebenen zusammen. Somit sind die Partnerbeziehungen sehr vielfältig. Der Programmprozess ist dabei partizipatorisch, analytisch, bevollmächtigend und langfristig angelegt. Ein weiteres wichtiges Prinzip ist die Einnahme der Perspektive der Kinder so oft es geht.

Das drei Säulen Modell (S.40):

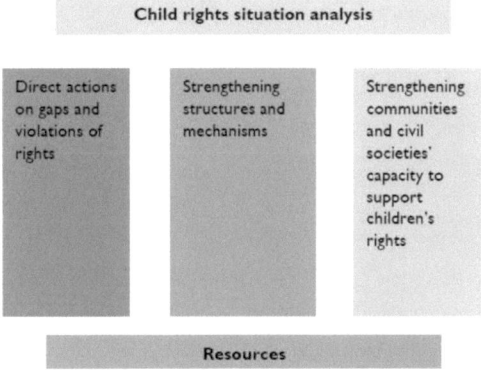

Dieses Modell besteht aus drei gleich gewichteten Säulen. Es stellt eine Situationsanalyse dar, welche sich anhand der Rechte von Kindern orientiert. Es gilt begrenzte Ressourcen möglichst effektiv auf die Säulen zu verteilen, denn es sollen im besten Fall alle Säulen gleich berücksichtigt werden.

Die erste Säule richtet sich auf Handlungen, welche auf Lücken und Verletzungen von Rechten hinweisen. Die zweite Säule (Mitte) soll Strukturen und Mechanismen stärken. Die dritte Säule steht für die Stärkung der Gemeinde und Zivilgesellschaft, die Rechte von Kindern unterstützen. Dabei sind die Ressourcen begrenzt und demnach ist eine Situationsanalyse erforderlich (S.40).

Programme Cycle:

Grundsätzlich erfordert der Kinderrechtsansatz allen Phasen des Projektzyklus, insbesondere in der Situations- und Problemanalyse, der Definition von Projektzielen und der Auswahl der Projektstrategie als Orientierungsrahmen eine konsequente Bezugnahme auf die in der KRK festgeschriebenen Kinderrechte in. Methodisch bedeutet dies, dass die kinderrechtliche Orientierung in das Konzept des Projektzyklus-Managements integriert werden muss, welches die Grundlage von Planung, Durchführung und Evaluierung von Projekten darstellen sollte.

Projektformulierung: Die als zuvor als relevant anerkannte Menschenrechte müssen bei der Projektplanung beachtet werden.

Implementierung: diese Phase sollte von kontinuierlichem menschenrechtlichem Monitoring begleitet werden: Dieses sollte in Abstimmung mit lokalen NGO und Akteur(en)Innen erfolgen. Dabei wird das Projekt auf die vorher festgelegten Zielvereinbarungen überprüft und wenn nötig korrigiert.

Evaluierung: in dieser Phase wird anhand der erarbeiteten Indikatoren aus der Projektformulierung überprüft, ob sich die menschenrechtliche Situation der Zielgruppe verbessert hat. Ob das Projekt erfolgreich war und inwiefern die Vereinbarungen eingehalten wurden.

CRP im Organisationsprozess:

Das folgende Schaubild stellt den Zusammenhang zwischen rechtsbasierten Werten, Child Rights Programming und dem organisatorischen Wandel dar (S.49).

Dabei zeigt CRP einen Wandel an und zwar wie Organisationen funktionieren. Zum einen in der Art, wie die Entscheidungen getroffen werden d.h. wie Beziehungen nachhaltig ausgehandelt werden und zum anderen verdeutlicht es, wie Menschen Organisationen betrachten und diese unter besonderer Berücksichtigung von verschiedenen Perspektiven hin betreiben. Darunter fallen: Verantwortlichkeit, keine Diskriminierung, Würde, Respekt und Gerechtigkeit und zuletzt die Teilhabe und die Mitbestimmung.

Zudem fordert CRP ein Umdenken, wie mit Kindern in Organisationen umgegangen wird. Dabei muss das Interesse des Kindes berücksichtigt werden sowie die Rechenschaftspflicht, wie auch entscheidungsfindende Strukturen (S.49-52).

Gruppenarbeit:

Anschließend an die Präsentation der Inhalte des Child Rights Programming Handbuchs fand eine Gruppenarbeit statt, in welcher die Seminarteilnehmer ein Mapping und eine Stakeholder Analyse gemacht haben. Im Folgenden stelle ich diese anhand der Beschreibung auf Seite 43 bis 46 bzw., einer ergänzenden Schrift über die „Stakeholder- Analyse" vor.

Stakeholder- Analyse:

Ein Stakeholder ist eine Person, welche bei Projekten z.B. bei Planungsprozessen bestimmte Interessen verfolgt. Dabei können die Stärke des Interesses und die Macht, die diese Interessensperson (Stakeholder) hat, variieren. Der Stakeholder kann einen starken oder schwachen Einfluss auf die Ergebnisse von geplanten Projekten haben. Es ist von Vorteil die Bedürfnisse und Anliegen von verschiedenen Interessengruppen zu identifizieren und zu analysieren, insbesondere wenn geplante Projekte die Politik beeinflussen sollen. Solch eine Analyse verschiedener Interessen ist in vielerlei Hinsicht nützlich. Diese kann bei Planungsprozessen oder in der Forschung hilfreich sein, um Ziele zu formulieren und eine Basis zu schaffen.

Der erste Schritt bei diesem Prozess besteht darin alle Akteure und Interessengruppen zu identifizieren und die Situation im Hinblick auf die jeweiligen Interessen und mögliche Ziele hin zu analysieren. Nach einem vorgegeben Raster (Tabelle im Anhang) werden die Akteure identifiziert und nach der Stärke des eigenes Interesses und nach Stärke der Macht eingeteilt. Interessengruppen mit starkem Machteinfluss und hohem Interesse gilt es in die Organisation bzw. in Planungsprozesse stark einzubeziehen. An der Spitze der Macht-Liste stehen die „Entscheider", in der Regel Mitglieder der Regierung, darunter Menschen deren Meinung viel wert ist und danach Stakeholder mit starkem Interesse, aber wenig Macht. Diese bilden die Grundlagen für weitere Planungsprozesse und Zielsetzungen. Das Ziel ist eine Strategie zu entwickeln, um alle Beteiligten dazu zu motivieren sich zu engagieren und für eine bestmögliche Entwicklung und Verwirklichung von unterschiedlichen Projekten zu sorgen.

In der Gruppenarbeit selbst haben die Studenten Stakeholder anhand eines Fallbeispiels identifiziert und nach Stärke ihrer Macht und Interessen eingeteilt. In den Gruppen wurde anschließend unter der Fragestellung, welche Interessengruppen es gibt und wie stark ihr Interesse an einer Verbesserung der Situation ist, diskutiert und geklärt, inwiefern die Interessengruppen fähig sind (Macht besitzen) einzugreifen oder ob die Macht nicht ausreicht um etwas zu verändern. Anschließend wurden die Beziehungen zwischen den unterschiedlichen Stakeholdern auf einer großen Pappe bildlich dargestellt und von einer Gruppe vorgestellt.

In einer anschließenden Plenumsdiskussion wurde über Sinn und Nutzen einer Stakeholder Analyse gesprochen. Es wurde deutlich, dass solch eine Analyse durchaus Sinn macht, wenn man Projekte, auch Schulprojekte, plant und Ziele formulieren möchte. Zudem macht diese Methode auch im Unterricht Sinn, denn sie kann helfen den Schülern einen Perspektivwechsel zu ermöglichen. Dadurch wird unter anderem Empathie und Sozialverhalten gefördert.

Literaturverzeichnis

- International Save the Children Alliance: Child Rights Programming - How to Apply Rights-Based Approaches to Programming. A Handbook for International save the Children Alliance Members. Second Edition. Stand 26.10.2005. Onlinefassung, URL: http://www.crin.org/hrbap/index.asp?action=theme.docitem&item=4761 (Abruf im Oktober 2010)

- Save the Children Deutschland. URL: http://www.savethechildren.de/was-wir-tun (Abruf im Oktober 20120)

Anhang

Gruppenarbeit zu „Stakeholder Analysis (Ausschnitt aus der Präsentation im Seminar):
Aufgaben:
- ☐ 1. Szenario lesen und bearbeiten
- ☐ 2. Welche Interessenhaber gibt es
- ☐ 3. Wer steht mit wem in Verbindung
- ☐ (Tabellen)
- ☐ Stakeholder Analysis
- ☐ Schritte:
  - ☐ Identifiziert die Steakholder
  - ☐ Interessen und Bedürfnisse der ver. Stakeholder
  - ☐ Unterteilung der Stakeholder nach Interesse und Macht
  - ☐ Interessenkonflikte zwischen den ver. Stakeholdern

1. Fallbeispiel

Hallo Suma

Meine Eltern heissen "Rhula und Jakosiki". Sie sind vor über 24 Jahren von Indien nach Deutschland emigriert und haben dann kleinen Lebensmittelladen aufgebaut. Darauf sind sie sehr stolz. Ich bin Suma und mit 17 Jahren die Älteste von uns drei Mädc Gerade habe ich die Schule beendet. Im Moment suche ich noch nach einer Lehrstelle. Aber bisher habe ich noch keine gefunde Arbeitslosigkeit ist leider groß hier. Am liebsten würde ich ja noch das Abitur machen und studieren, aber davon wollen meine nichts wissen. Auch die Lehrstellensuche ist ihrer Meinung nach Unsinn. Bis zu meiner Hochzeit soll ich im Haushalt und im Geschäft helfen. Den idealen Ehemann glauben sie für mich auch schon gefunden zu haben. Trotzdem – ich werde heimlich weitersuchen, und sobald ich eine Lehrstelle gefunden habe, werde ich hier ausziehen. Und wen ich heirate, bestimme ich allein

Tabelle:
Stakeholder, Interesse- hoch; niedrig, Macht- hoch-niedrig

Tabelle zur Hilfe - mögliche Stakeholder:

Akteure aus der Wirtschaft	Öffentliche Akteure aus der Wirtschaft	Akteure aus der Zivilgesellschaft
Firmen und Unternehmen	Minister und Berater (Exekutive)	Medien
Wirtschaftsverbände	Beamte und Dienststellen	Kirchen
Berufsverbände	(Bürokratie)	Schulen und Universitäten

Individuelle Geschäfts-leute	Volksvertreter (Legislati-ve)	Soziale Bewegungen und Interessengruppen
Finanzinstitute	Politische Parteien (Judi-kative)	Gewerkschaften
	Kommunalverwaltung (Räte)	Nationale NGOs
		Internationale NGOs
	Militär	**KITA**
	Internationale Organisa-tionen (Weltbank, UN)	**Eltern**
		Kind
		Jugendamt

*Tabelle erarbeitet im Seminar

'